USAGES SUIVIS

PAR LES

NOTAIRES DE L'ARRONDISSEMENT D'ABBEVILLE

POUR LA

PERCEPTION DE LEURS HONORAIRES

ABBEVILLE

IMPRIMERIE C. PAILLART

24, rue de l'Hôtel-de-Ville, 24

—

1893

CONSTATATION

DES

USAGES SUIVIS

PAR LES

NOTAIRES DE L'ARRONDISSEMENT D'ABBEVILLE

POUR LA

PERCEPTION DE LEURS HONORAIRES

Arrêtée en Assemblée générale le 18 Décembre 1866

ABBEVILLE

IMPRIMERIE C. PAILLART

24, rue de l'Hôtel de-Vil'e, 24

—

1893

CONSTATATION

DES

USAGES SUIVIS

PAR LES

NOTAIRES DE L'ARRONDISSEMENT D'ABBEVILLE

POUR LA

PERCEPTION DE LEURS HONORAIRES

Arrêtée en Assemblée générale le 18 Décembre 1866

RÈGLES DE PERCEPTION

ARTICLE PREMIER

Lorsqu'un acte contient plusieurs dispositions qui ne dérivent pas les unes des autres et qui, d'après les usages du notariat, pourraient faire l'objet d'autant d'actes distincts, les honoraires seront perçus sur chacune de ces dispositions.

ARTICLE DEUX

Les actes dont l'honoraire n'est pas prévu nommément par le présent tarif seront assimilés, pour la perception de cet honoraire, à celui avec lequel ils paraissent avoir le plus d'analogie.

ARTICLE TROIS

Les honoraires proportionnels sont perçus à tant pour cent ou pour mille.

La fraction supérieure à 50 fr. ou à 500 fr., selon les cas, sera comptée, pour la fixation de l'honoraire, comme si la somme était complète.

Si cette fraction était inférieure à 50 fr. ou à 500 fr., elle ne donnera lieu à aucune perception.

La fraction de vacation ou de rôle sera comptée comme l'entier.

ARTICLE QUATRE

Toutes les fois que les actes énonceront non la valeur vénale des biens, mais le revenu qu'ils produisent, ce revenu servira de base à la perception des honoraires.

A cet effet, ce revenu se capitalisera au denier vingt, au denier trente ou au denier quarante, selon la nature des biens, suivant ce qui est dit ci-après (voir au mot *Échange*), lorsqu'il s'agira de biens à estimer en pleine propriété, et au dernier dix, au dernier quinze ou au dernier vingt seulement, lorsqu'il s'agira d'usufruit ou de nu-propriété.

La valeur vénale ne doit aussi être comptée que pour moitié de celle de la pleine propriété, quand il s'agit de nu-propriété ou de jouissance viagère.

ARTICLE CINQ

Quand un acte translatif de propriété, d'usufruit, de jouissance, ou contenant obligation, libération, etc., est fait dans l'intérêt distinct et particulier de plusieurs personnes, les honoraires doivent être perçus comme s'il était fait un acte particulier pour chacun.

Ces dispositions ne s'appliquent pas aux ventes judiciaires.

ARTICLE SIX

Les vacations employées en conférences, projets et préparations d'actes, examens de titres et pièces, correspondances, etc., sont dues aux Notaires. Ils doivent toutefois s'abstenir de rien réclamer à ce sujet, quand ils se feront allouer les droits proportionnels applicables aux actes qui en seront la suite.

ARTICLE SEPT

Les déplacements et voyages sont dus aux Notaires indépendamment des honoraires attachés aux actes (art. 170 du décret du 16 février 1807).

Cet article établit deux ordres d'émoluments :

Un honoraire alloué à titre de vacation ;

Une indemnité pour frais de voyage et de nourriture.

L'honoraire est de quatre vacations par journée ; la journée est calculée à raison de cinq myriamètres parcourus.

L'indemnité est calculée à raison de 1/5 de la journée par chaque myriamètre, c'est-à-dire du 1/5 du produit de quatre vacations par myriamètre.

Ainsi, la vacation étant de 6 fr., l'honoraire dû pour le transport d'un Notaire dans un lieu distant de 12 kilomètres de sa résidence devra se calculer ainsi :

Une journée de quatre vacations donne. . . . . . . 24 fr.

Chaque myriamètre donne 1/5 de 24 fr. ou 4 fr. 80, et chaque kilomètre 1/10 de 4 fr. 80 ou 0 fr. 48 c.

Douze kilomètres, distance supposée, $\times$ 0 fr. 48 c., chiffre alloué pour le parcours d'un kilomètre. . . . . = 5 fr. 76 c.

Autant pour le retour, ... 5   76

Ensemble. . . . . . . 11 fr. 52 c.

L'indemnité due par chaque myriamètre parcouru est aussi de 1/5 de la journée entière, soit de 4 fr. 80, ou par kilomètre 48 centimes, ce qui, pour les douze kilomètres, donne aussi 0 fr. 48 $\times$ 12 ou 5   76 $\Big)$ 11   52
Et autant pour le retour. 5   76 $\Big)$

Réunion de l'honoraire et de l'indemnité. . . . 23 fr. 04 c.

Il en résulte que l'indemnité et l'honoraire sont représentés par des sommes égales. Quand on a déterminé l'honoraire on n'a qu'à en doubler le montant pour avoir la somme totale à réclamer.

S'il s'agit de déterminer l'honoraire dû à un Notaire de canton pour un voyage pareil, la manière de calculer sera la même, en ayant égard toutefois à ce que la vacation allouée à ce dernier, n'étant que de 4 fr. au lieu de 6 fr., chaque kilomètre ne donne droit, dans cette hypothèse, qu'à 0 fr. 32 c., et que c'est par 0 fr. 32 c. qu'il faut multiplier le nombre de kilomètres parcourus pour l'aller, au lieu de le multiplier par 0 fr. 48 c.

Du reste, pour la plus grande commodité de chacun, on a dressé le tableau ci-après, qui présente pour chaque distance le montant de l'honoraire et de l'indemnité réunis, aller et retour compris.

Observation faite que si ce tableau présente ce calcul pour une distance inférieure à un myriamètre, c'est uniquement pour en faciliter l'application à une distance supérieure.

Tableau des Vacations et Indemnités de Voyages

MYRIAMÈTRES	KILOMÈTRES	POUR LES NOTAIRES RÉSIDANT AU CHEF-LIEU		POUR LES NOTAIRES RÉRIDANT DANS LES CANTONS	
		fr.	c.	fr.	c.
»	1	1	92	1	28
»	2	3	84	2	56
»	3	5	76	3	84
»	4	7	68	5	12
»	5	9	60	6	40
»	6	11	52	7	68
»	7	13	44	8	96
»	8	15	36	10	24
»	9	17	28	11	52
1	»	19	20	12	80
1	1	21	12	14	08
1	2	22	54	15	36
1	3	24	96	16	64
1	4	26	88	17	92
1	5	28	80	19	20
1	6	30	72	20	48
1	7	32	64	21	76
1	8	34	56	23	04
1	9	36	48	24	32
2	»	38	40	25	60
2	1	40	32	26	88
2	2	42	24	28	16
2	3	44	16	29	44
2	4	46	08	30	72
2	5	48	»	32	»
2	6	49	92	33	28
2	7	51	84	34	56
2	8	53	26	35	84
2	9	55	68	37	12
3	»	57	60	38	40
3	1	59	52	39	68
3	2	61	44	40	96
3	3	63	36	42	24
3	4	65	28	43	52
3	5	67	20	44	80
3	6	69	12	46	08
3	7	71	04	47	36
3	8	72	96	48	64
3	9	74	88	49	92
4	»	76	80	51	20

ARTICLE HUIT

Les Notaires pourront percevoir un droit de recette sur les sommes dont ils seront chargés d'opérer le recouvrement.

Ce droit se réglera à l'amiable entre eux et leurs clients.

ARTICLE NEUF

Lorsque plusieurs personnes figureront dans un acte unilatéral ne donnant lieu qu'à un honoraire fixe, il sera perçu, indépendamment de l'honoraire de l'acte, 1 fr. par chaque comparant, distraction faite du premier. — Le mari et la femme ne compteront que pour un.

ARTICLE DIX

Pour fixer l'honoraire à percevoir sur un bail amiable (voir ce mot) dont le fermage ou le loyer annuel dépassera 200 fr., on retranchera d'abord du montant annuel du fermage ou loyer donné les premiers 200 fr. ; puis après avoir ajouté au résultat de cette soustraction le montant des impôts d'une année entière, on multipliera ce dernier total par le nombre des années de la durée du bail. Le produit de cette multiplication donnera le chiffre sur lequel devront être calculés les honoraires à raison de 0 fr. 25 c. o/o, suivant les règles posées ci-après. Enfin on ajoutera à ce produit 9 fr. pour l'honoraire alloué, suivant la même règle, sur un bail au fermage ou loyer annuel de 200 fr., et on aura déterminé le montant de l'émolument à percevoir.

Ainsi étant donné pour exemple un bail au loyer annuel de 1000 fr., impôt en sus, fait pour une durée de 9 années, on opèrera de cette façon :

Du loyer annuel de. . . . . 1000 fr.

ôtant d'abord 200

il restera une somme de. 800

A laquelle on devra ajouter 100 fr., représentant l'impôt d'une année entière, soit 1/10ᵉ du loyer total. 100

On multipliera le total trouvé ou. 900

par le nombre des années de la durée du bail, soit. . . 9

Ce qui donnera un produit de. 8100

Ce produit, à raison de 0 fr. 25 c. o/o, donne. . . . . 20 fr. 25 c.

A quoi ajoutant les 9 fr. alloués pour l'honoraire d'un bail au loyer ou fermage annuel de 200 fr. . . . . , 9 00

On trouve que l'honoraire à percevoir sur le bail dont s'agit est de. 29 25

Les baux faits pour 3, 6 ou 9 années sont considérés comme s'ils étaient faits pour 9 ans, et soumis, pour la fixation des honoraires, au même mode que ces derniers.

L'honoraire à percevoir sur ceux qui seront faits pour une durée fixe de moins de 9 ans, ne devra au contraire être calculé que sur le nombre d'années pour lequel ils auront été consentis ; c'est-à-dire que si le bail a été fait pour 5 ans seulement par exemple, le montant du fermage annuel étant toujours supposé être de 1000 fr., plus les impôts, on multiplierait les 900 fr. par 5 au lieu de les multiplier par 9, et le produit de cette multiplication, augmenté toujours de 9 fr. applicables aux premiers 200 fr. déduits, donnerait le chiffre de l'honoraire à réclamer.

ARTICLE ONZE

Le minimum d'honoraires à percevoir sur les actes dans le cas où il n'a pas été déterminé dans la nomenclature ci-après est fixé à 3 fr.

Il est du devoir des Notaires de l'arrondissement de se conformer, pour la perception de leurs droits et honoraires, aux règles contenues en ces présentes, sans pouvoir augmenter ni diminuer les chiffres qui y sont indiqués.

Il ne leur est pas défendu cependant, selon les circonstances, de faire remise de la totalité de leurs vacations ou honoraires, mais la Chambre pourra apprécier les motifs de cette remise.

TABLEAU PAR ORDRE ALPHABÉTIQUE

ACTES ET CONTRATS

AVEC

Indication de l'honoraire alloué pour chacun d'eux

NATURE DES ACTES	HONORAIRES
A	
Acceptation...............	Par vacations.
Acquiescement............	Par vacations.
Acte imparfait ou projeté.	Par vacations.
Actes récognitifs, interprétatifs ou confirmatifs....	Par vacations.
Acte de notoriété.........	Par vacations.
Acte respectueux.........	Par vacations.
Acte de suscription........	De 12 fr. à 25 fr. Droit proportionnel réservé au décès.
Abandon (contrat d') *par un débiteur à ses créanciers et contrat d'union*...........	Moitié des honoraires de la vente.
Adjudication volontaire d'immeubles............	10 °/₀, transcription en sus. En cas de vente amiable avant ou après la mise en adjudication, mêmes droits.
Adjudication judiciaire d'immeubles............	Tarif légal (art. 14, ord. du 10 octobre 1841), c'est-à-dire 1 °/₀ jusqu'à 10,000 fr. ; —

NATURE DES ACTES	HONORAIRES
	sur la somme excédant 10,0000 fr. jusqu'à 50,000 fr., 1/2 %; — sur la somme excédant 50,000 fr. jusqu'à 100,000 fr., 1/4 %; — et sur l'excédant de 100,000 fr. indéfiniment 1/8 %.
Adjudication de meubles..	6 % indéfiniment, sans garantie.
Adjudication de valeurs incorporelles............	2 % jusqu'à 10,000 fr.; — 1 % de 10,000 fr. à 50,000 fr.; — au delà 0 fr. 50 c. ᵒ/ₒ.
Adjudication de taillis, récoltes, tourbages........	Tarif légal dressé en conséquence de la loi du 5 juin 1851. Ce tarif qui porte la date du 5 novembre de la même année, alloue: Une remise fixée à 2 % jusqu'à 10,000 fr., et à 1/4 % sur l'excédant, sans distinction entre les ventes faites au comptant et celles faites à terme. — En cas d'adjudication par lots, consentie au nom du même vendeur, la remise proportionnelle est calculée sur le prix total des lots réunis; la remise ne peut dans aucun cas être inférieure à 6 fr. Lorsque le Notaire qui a procédé à une vente à terme est chargé d'opérer le recouvrement du prix, il a droit à une remise de 1 % sur le montant des sommes par lui recouvrées. S'il est requis expédition ou extrait des procès-verbaux, il est alloué, outre le timbre, 1 fr. pour chaque rôle.
Adjudication d'arbres.....	2 % indéfiniment, non compris le droit de recette, au sujet duquel le client aura à s'entendre avec le Notaire.
Affectation hypothécaire, *par acte séparé*...........	1/2 % si le Notaire n'a pas reçu l'obligation ou l'acte donnant lieu à l'hypothèque. Dans le cas contraire 3 fr. par rôle de minute. Minimum: 4 fr.

NATURE DES ACTES	HONORAIRES
Antériorité d'hypothèque..	Par vacations.
Antichrèse, *par acte séparé*..	1/2 °/₀ jusqu'à 20,000 fr. ; au-delà, 25 c. °/₀
Apprentissage (brevet d')..	Tarif établi par la loi du 4 mars 1851, art. 2 : 2 fr.
Atermoiement.............	1/2 °/₀ jusqu'à 20,000 fr.; au-delà, 25 c. °/₀
Arbitre (constitution d')...	Par vacations.
Autorisation	En brevet, 3 fr. En minute, 6 fr.
B	
Bail amiable..............	De 30 fr. et au-dessous, 3 fr. De 30 fr. à 50 fr., 4 fr. De 50 fr. à 80 fr., 6 fr. De 80 fr. à 100 fr., 7 fr. De 100 fr. à 150 fr., 8 fr. De 150 fr. à 200 fr., 9 fr. Au-dessus de 200 fr.. 1/4 °/₀ sur les années cumulées. Le tout pour baux de 9 ans et au-dessous, y compris les impôts qui seront évalués au 1/10ᵉ du fermage, sauf à observer ce qui a été dit ci-dessus pour les baux d'une durée fixe de moins de 9 ans. Au-dessus de 9 ans, augmentation proportionnelle.
Bail par adjudication.....	Double du bail amiable.
Beaux à vie..............	0 fr. 25 c. °/₀ sur 10 années cumulées.
Beaux emphithéotiques....	0 fr. 25 c. °/₀ sur 20 années cumulées.
Billets à ordre............	0 fr. 50 c. °/₀. Minimum, 3 fr.
Bordereaux d'inscription..	3 fr. jusqu'à 1,000 fr. ; — de 1,000 fr. à 10,000 fr., 1 °/₀ ; — au-delà, 1/4 °/₀₀.

NATURE DES ACTES	HONORAIRES
C	
Cahier de charges :	
Pour une adjudication volontaire non suivie d'effet......	Tarif des ventes judiciaires.
Pour une adjudication judiciaire	1 fr. 50 c. par rôle contenant 25 lignes à la page et 12 syllabes à la ligne. (Art. 14, ordonnance du 10 octobre 1841).
Cautionnement, *par acte séparé ....*	1/2 de l'honoraire perçu sur l'acte dont il sera la conséquence, sans qu'il puisse être de plus de 1/2 %.
Certificats de vie *autres que ceux des pensionnaires......*	3 fr.
Certificats de propriété :	
Comme conséquence de liquidation ou autre acte ayant donné lieu à des honoraires proportionnels	1/2 °/₀₀.
Dans le cas contraire........	1 °/₀₀. Minimum, 3 fr.
Cession de bail............	Comme le bail (sur les années restant à courir).
Cession de biens et de droits successifs.........	Comme vente immobilière.
Compromis................	Comme transaction.
Command (déclaration de).	Par vacations.
Commodat ou prêt à usage..................	0 fr. 25 c. °/₀.
Comparution (procès-verbal de)..................	Par vacations.
Compulsoire................	Par vacations.

NATURE DES ACTES	HONORAIRES
Compte de tutelle.........	Jusqu'à 50,000 fr., 1/2 % sur les recettes brutes; au-delà, 1/4 %. Minimum, 8 fr.
Compte de tutelle contenant liquidation........	Comme liquidation.
Compte de gestion et de bénéfice d'inventaire.....	Comme le compte de tutelle ne contenant pas liquidation.
Consentement pur et simple......................	En brevet, 3 fr. En minute, 6 fr.
Constitution de rente......	Comme vente immobilière.
Copie collationnée........	Par rôle d'expédition.
Contre-lettre à un contrat de mariage : *Contenant transmission de propriété*................ *Sans transmission de propriété.*	Comme contrat de mariage. 6 fr.
Crédit (ouverture de).......	0 fr. 75 c. % jusqu'à 10,000 fr.; — de 10,000 à 50,000 fr., 0 fr. 50 c. %; — au-delà, 0 fr. 25 c. %.
D	
Décharge de deniers.......	De 1,000 fr. et au-dessous, 3 fr. ; — de 1,000 à 3,000 fr., 4 fr. 50 c.; — de 3,000 à 6,000 fr., 6 fr.; — de 6,000 à 10,000 fr., 7 fr. 50 c.; — de 10,000 à 15,000 fr., 9 fr.; — au-delà, 12 fr.
Décharge de pièces ou de gestion................	Par vacations.
Décharge au Notaire par suite de vente mobilière.	3 fr.

NATURE DES ACTES	HONORAIRES
Déclaration au bureau de l'enregistrement pour vente mobilière :	
Quand le Notaire réside dans la commune où est le bureau.	1 fr.
S'il n'y réside pas	Une vacation.
Déclaration d'emploi ou de remploi :	
Par acte séparé	3 fr.
Dans l'acte même	1 fr.
Déclaration d'objets mobiliers	Par vacations.
Déclaration de privilège de second ordre	Comme certificat de propriété.
Déclarations de succession (état pour les)	Par vacations. S'il y a eu inventaire, 1/2 du coût des rôles de l'expédition.
Délégations	Comme obligation.
Délivrance de legs :	
Si le Notaire n'a pas reçu le testament	Comme quittance.
Si le Notaire a reçu le testament	Par vacations. Le tout indépendamment des droits d'ouverture.
Déplacements	Art. 170 du tarif de 1807. (Voir, pour les explications, l'article 7 des règles de perception ci-dessus).
Dépôt de pièces :	
Ne donnant lieu qu'à un droit fixe d'enregistrement	Pour une pièce, 3 fr. Pour chaque autre pièce, 1 fr.
Soumis à un droit proportionnel d'enregistrement, ou contenant reconnaissance d'écriture	1/2 de l'honoraire de l'acte déposé, s'il eût été authentique.

NATURE DES ACTES	HONORAIRES
	Si le Notaire a rédigé l'acte sous seing privé, il aura droit aux honoraires, comme si l'acte était notarié.
Dépôt de testament olographe.................	1/2 des honoraires sur les testaments authentiques.
Dépôt d'extraits de contrat de mariage de commerçant...................	Une vacation.
Désistement pur et simple.	En brevet, 3 fr. En minute, 6 fr.
Devis et marchés.........	1/2 %.
Dissolution de société.....	Par vacations.
Donations entre époux : *Lors de la confection de l'acte.* *Lors de la mise à exécution...*	De 6 fr. à 50 fr. par acte. Jusqu'à 10,000 fr., 1 %; — de 10.000 à 50,000 fr., 1/2 %; — au-delà, 1/4 %. Si l'usufruit seul est donné, moitié des honoraires ci-dessus.
Donation entre-vifs........	Comme pour les liquidations.
Donation à titre de partage anticipé............	Comme pour les liquidations.
E	
Echange..................	Comme pour les ventes, sur la valeur du plus important des immeubles échangés. Minimum, une vacation. Pour déterminer la valeur, on multipliera le revenu brut déclaré dans l'acte : S'il s'agit de maisons à la ville, par 20; S'il s'agit de maisons à la campagne, par 30; Et s'il s'agit de terres, prés, bois, herbages, etc., par 40.

NATURE DES ACTES.	HONORAIRES
Expéditions ou extraits ...	Art. 174 du tarif de 1807, soit : Pour les Notaires du chef-lieu, 2 fr. par rôle. Pour les Notaires de canton, 1 fr. 50, aussi par rôle.
Enfant naturel (reconnaissance d')	De 5 fr. à 25 fr.
I	
Inscription (réquisition d') ou d'état	1 fr.
Inventaire................	Par vacations, 6 fr.
L	
Lecture des actes.........	1 fr. par rôle de minute.
Légalisation	0 fr. 25 c. par légalisation.
Licitation judiciaire.......	Tarif légal (voir le détail donné en regard du mot *adjudication judiciaire d'immeubles*).
Licitation volontaire à l'amiable..................	Comme les ventes ordinaires sur les parts acquises.
Licitation volontaire aux enchères entre majeurs.	Comme les adjudications ordinaires, sauf la différence des droits d'enregistrement, s'il y a lieu.
Liquidations de communautés et successions, *amiables ou judiciaires*....	1 % jusqu'à 20,000 fr ; — 1/2 % de 20,000 fr. à 50,000 fr.; — au-delà de 50,000 fr , 1/4 %. Le tout sur la masse, sans distraction du passif. Minimum, 12 fr.

NATURE DES ACTES	HONORAIRES
M	
Main-levée *pure et simple*...	3 fr.
Main-levée d'inscription...	3 fr. Quand l'acte contient main-levée de plusieurs inscriptions ou oppositions, 3 fr. pour la première et 1 fr. pour chaque autre.
Mariage (contrats de)......	Sur les dots : Jusqu'à 10,000 fr., 0 fr. 75 c. % ; — de 10,000 fr. à 50,000 fr., 0 fr. 50 c. % ; — au-delà de 50,000 fr., 1/4 %. Sur les apports : 1/2 des honoraires ci-dessus. Minimum, 10 fr.
Mentions sur pièces.......	1,000 fr. et au-dessous, 1 fr. ; — 1,000 fr. à 5,000 fr., 2 fr. ; — 5,000 fr. à 20,000 fr., 2 fr. 50 c. ; — au-delà, 3 fr.
N	
Nantissement.............	Comme affectation hypothécaire.
O	
Obligation	1 %. Et 1/2 % en sus, quand le Notaire dirigera les opérations.
Ordres et distributions....	1 % jusqu'à 25,000 fr. ; — 1/2 % au-delà.
P	
Partages	1/2 % jusqu'à 50,000 fr. ; — 1/4 % au-delà de 50,000 fr. Minimum, 6 fr.
Partage testamentaire	Comme pour le testament.
Partage d'ascendants......	Voir *donation entre-vifs.*

NATURE DES ACTES	HONORAIRES
Pensions alimentaires.....	Comme pour les ventes sur un capital formé de dix années de pension.
Procès-verbal.............	Par vacations.
Procurations.............	En brevet, 3 fr. En minute, 6 fr.
Prorogation de délai	Si le Notaire a négocié, o fr. 50 c. $°/_o$ jusqu'à 10,000 fr. ; — o fr. 25 c. de 10,000 à 50,000 fr. — au-delà, o fr. 12 c. 1/2 $°/_o$. Sinon, 1/2 des honoraires ci-dessus.
Q	
Quittances................	1/2 $°/_o$ jusqu'à 25,000 fr. ; — o fr. 25 c. $°/_o$ au-delà.
Quittance subrogative.....	Comme obligation.
R	
Ratification : *Pour le premier acte ratifié ..* *Pour chaque autre acte ratifié.*	3 fr. 1 fr.
Radiation d'inscription....	o fr. 50 c. par chaque inscription.
Recherche (droit de)........	Pour la première année, 1 fr. 50 c. ; — pour les suivantes, 50 c. par année.
Réméré (ventes à).........	Comme ventes.
Réméré (exercice de).......	Comme quittances.
Rétrocession	Comme ventes.
Répertoire (droit de).......	o fr. 25 c. par acte.
Révocation de donation ...	Par vacations.
Révocation de testaments.	Par vacations.
Révocation de procuration.	En brevet, 3 fr. En minute, 6 fr.

NATURE DES ACTES	HONORAIRES
Renonciation pure et simple......................	3 fr.
Renonciation à titre onéreux....................	Comme ventes.
Résiliation de baux.......	Comme le bail, sur les années restant à courir.
S	
Société (acte de) :	
Sur le montant des apports...	Jusqu'à 50,000 fr., 1/2 %; — au-delà, 1/4 %.
A défaut d'évaluations.......	Par vacations.
Substitution de pouvoirs..	En brevet, 3 fr. En minute, 6 fr.
T	
Testament authentique :	
Lors de la rédaction.........	De 6 à 50 fr.
Lors de l'exécution : *En ligne directe, entre époux.*	1 % jusqu'à 10,000 fr. ; — 1/2 % de 10,000 fr. à 50,000 fr.; — au-delà de 50,000 fr., 1/4 %.
En faveur de collatéraux ou étrangers.................	1 % jusqu'à 10,000 fr. ; — au-delà indéfiniment, 1/2 %. Si l'usufruit seul est légué, moitié des honoraires ci-dessus.
Testament mystique (présentation de)............	Comme les testaments authentiques.
Testament olographe......	(Voir dépôt de).
Titre nouvel..............	1/2 % sur le capital de la rente. Minimum, 6 fr.

NATURE DES ACTES	HONORAIRES
Transaction :	
Ne contenant ni obligation, ni libération, ni mutation.....	Par vacations.
Contenant obligation, etc.....	Comme obligation, quittance ou vente. Minimum, 10 fr.
Transcription de contrat..	Au-dessous de 500 fr., 1 fr. ; — de 500 fr. à 1,000 fr., 2 fr. ; — de 1,000 fr. à 3,000 fr. 1 $^o/_{oo}$; — au-dessus de 3,000 fr., 4 fr. 50 fixe.
Transfert d'hypothèque....	1/2 $^o/_o$ sur les valeurs garanties.
Transport de créance......	Comme obligation.
Transport de droits successifs.................	Comme ventes.
V	
Vente d'immeubles :	
Lorsque le Notaire n'a pas été chargé de négocier la vente.	Jusqu'à 50,000 fr., 1 $^o/_o$; — au-delà indéfiniment, 1/2 $^o/_o$.
Lorsqu'il a été chargé de la négociation...............	Jusqu'à 50,000 fr., 2 $^o/_o$; — au-delà indéfiniment, 1 $^o/_o$. Dans les deux cas, minimum, une vacation.
Vente amiable de meubles, fonds de commerce et achalandage...........	1/2 $^o/_o$ indéfiniment. Minimum, une vacation.

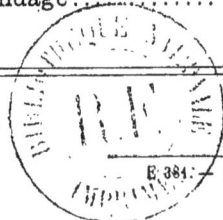

E 384. — Abbeville, imp. C. Paillart,

www.ingramcontent.com/pod-product-compliance
Lightning Source LLC
Chambersburg PA
CBHW050427210326
41520CB00019B/5828